Corinna Jegelka lebt mit ihrer Familie in Aachen. Schon früh entdeckte sie ihre Leidenschaft für Kunst und strebte eine künstlerische Laufbahn an. Nach einem Bachelor in Kommunikationsdesign (Schwerpunkt Film) machte sie sich Anfang 2020 als Illustratorin selbstständig. Sie ist dankbar für die Umwege, die sie zu ihrem Traumberuf geführt haben.

Die Würzburgerin **Cornelia Boese** studierte Musik und arbeitete viele Jahre als Opernsouffleuse, Kinderkonzertmoderatorin und Bühnenmusikerin an Theatern von Innsbruck bis Stockholm. Seit 2005 lebt sie als freischaffende Dichterin und veröffentlichte zahlreiche Bücher und Gedichtbände in heiteren Versen für Kinder und Erwachsene.

ClimatePartner
zertifiziertes Produkt
climate-id.com/AWI2MU

MIX
Papier | Fördert
gute Waldnutzung
FSC® C002795

Originalausgabe
1. Auflage
© 2025 Verlag Friedrich Oetinger,
Max-Brauer-Allee 34, 22765 Hamburg
Alle Rechte vorbehalten. Vorbehalten sind ausdrücklich auch alle Rechte für ein Text und
Data Mining, KI-Training und ähnliche Technologien.
© Text: Cornelia Boese; 2025
© Illustrationen: Corinna Jegelka, 2025
Druck und Bindung: Livonia Print SIA,
Jurkalnes iela 15/25, LV-1046 Riga, Lettland
Printed 2025
ISBN 978-3-7512-0617-4

www.oetinger.de

CORNELIA BOESE

DER
NÖ
STERHASE

ACH DU DICKES EI!

MIT BILDERN VON CORINNA JEGELKA

VERLAG FRIEDRICH OETINGER HAMBURG

Wer schnarcht NÖ und schläft im Gras?
Niemand, nur der NÖsterhas!
Faulenzen, das liebt er sehr.
Wehe, 's weckt ihn irgendwer!
PLITSCH! Es tropft auf NÖstis Nase.
Niesend wacht er auf, der Hase,
fährt erschrocken in die Höh,
sieht die Wolken und stöhnt: „NÖ!"

Grummelnd fängt er an, trotz Regen
Eier in den Wald zu Legen.
Morgen ist das Osterfest,
das sich nicht verschieben Lässt!

„Nett sein", murrt der Nösterhas,
„macht bei Sonne viel mehr Spaß!"
Endlich bessert sich das Wetter.
Schon schaut auch der Hase netter!

Nosti hoppelt lange Strecken,
um viel Süßes zu verstecken.
Überstunden macht er heut,
damit jedes Tier sich freut.

Ein Ei hier und ein Ei dort!
Immer weiter springt er fort.
„Bin der Beste, höhöhö",
grinst der Hase.

MÜDE? NÖ!

Protzend gibt der NÖsterhas
tief im Wald so richtig Gas:
Sprintet hin und spurtet her,
rauf und runter, kreuz und quer,

zick und zack, nach rechts und Links
und bremst jäh: Da Liegt ein Dings!
Was ist das? Er hüpft herbei
und ruft:

Welch ein Fund! Ein feines, fettes,
leuchtend lila-violettes
Schokoei liegt hier im Moos,
supersüß und riesengroß.
Nösti guckt es gierig an.
Ob er es behalten kann?
Klar, er hat's zuerst entdeckt,
nix wie heimlich eingesteckt!

Nösti leert die Taschen aus:
Süßigkeitenreste raus!
Doch das Ei passt nirgends rein,
denn der Rucksack ist zu klein.
Nösti nimmt es auf den Arm.
Fühlt sich komisch an – so warm!
Pfoten drumherum gekrallt,
stapft der Hase durch den Wald.

Mit dem klobigen Begleiter
scheint der Rückweg sehr viel weiter.
Nösti geht die Puste aus.
„MenNÖ", motzt er, „will nach Haus!"
AUTSCH! Jetzt hat der NÖsterhase
auch noch eine dicke Blase.
„Faules Ei, was bist du schwer",
jammert er. „Ich kann nicht mehr!"

MenNÖ!

NÖ – er schafft es nicht nach Hause.
„Ei", schnauft NÖsti, „kurze Pause!"
Müde setzt er's ab – und munter
kullert es den Hang hinunter.
„Halt!", schreit NÖsti. „Warte, stopp!",
rennt ihm nach im Hopsgalopp.
Rettet es, bevor's im Wald
gegen einen Baumstamm knallt.

NÖsti schimpft: „Auwei, auwei,
schau doch, wo du hinläufst, Ei!
Da geht's lang!" Er zeigt die Richtung,
schubst es über eine Lichtung.
Seltsam – bei der Rollerei
wird es bleich und blass, das Ei!
NÖsti setzt es auf ein Blatt.
Ob es einen Drehwurm hat?

Sonderbar: Das Ei, das bebt!
Ist da etwas drin, das Lebt?
NÖ! Ein Ei aus Schokolade
wird ja kaum Lebendig! Schade.
Fix und fertig sieht es aus!
NÖsti schleppt das Ei nach Haus,
Legt es neben sich ins Bett.
Da strahlt's Lila-violett.

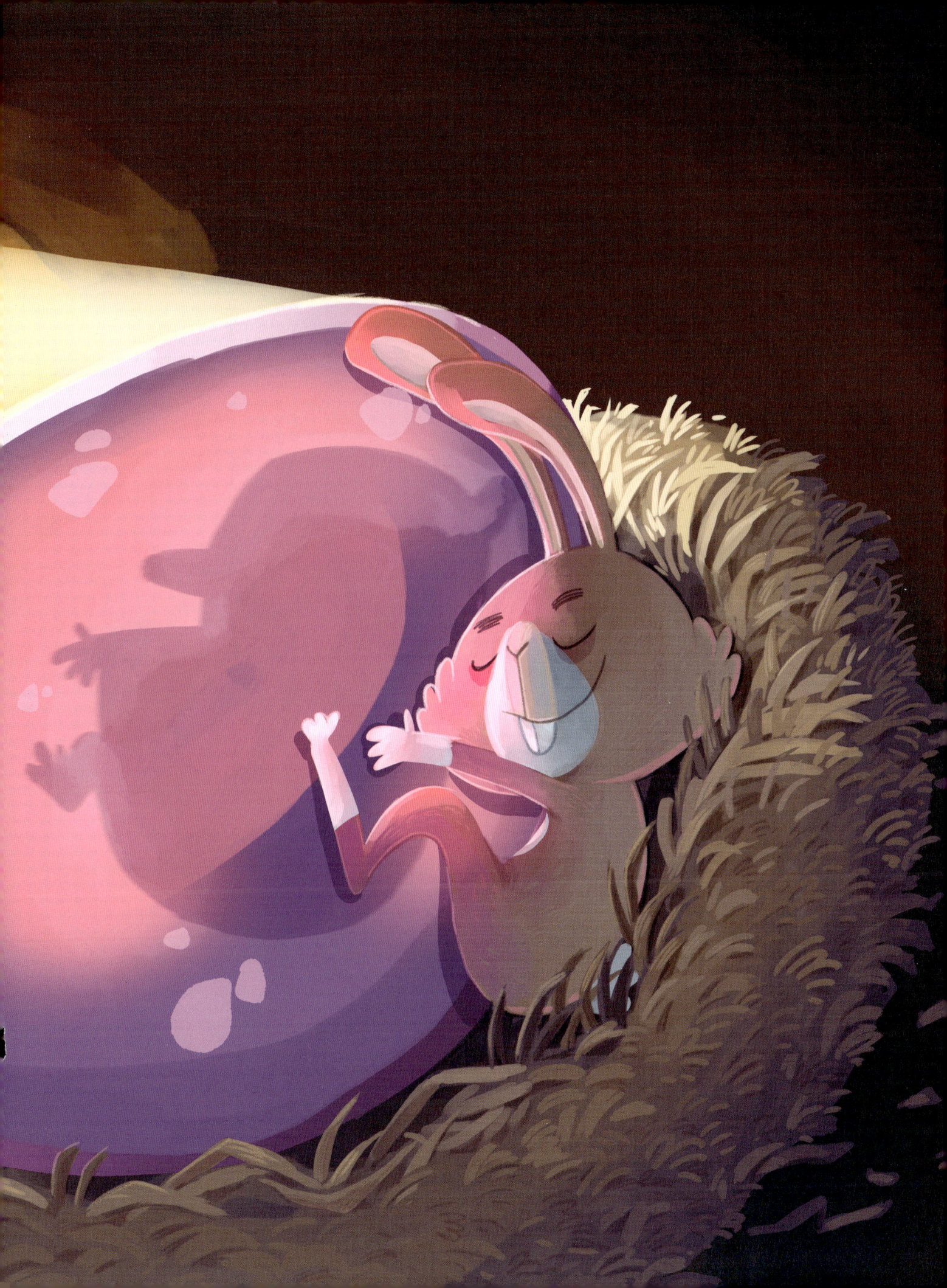

Morgens vor dem Osterfest
macht es KNACKS in NÖstis Nest.
JÖMINÖ! Das Ei zerbricht!
NÖsti traut den Augen nicht:
Aus der Schale, ei der Daus,
kriecht ein Dinobaby raus!

Flattert fauchend in die Höh,
fällt ins Nest und nörgelt:

Wer lacht NÖ und hat viel Spaß?
DiNÖkind und NÖsterhas!
JA, sie können sich gut leiden,
fröhlich-nölig sind die beiden:
Futtern auf der Osterfeier
schmatzend Schokoladeneier,
singen DIDELDUDELDÖ.
Immer gut gelaunt?

NÖ, NÖ!